BEI GRIN MACHT SICH IHR WISSEN BEZAHLT

- Wir veröffentlichen Ihre Hausarbeit,
  Bachelor- und Masterarbeit

- Ihr eigenes eBook und Buch -
  weltweit in allen wichtigen Shops

- Verdienen Sie an jedem Verkauf

Jetzt bei www.GRIN.com hochladen und kostenlos publizieren

"Orpheus und Eurydice" als typisch ovidianische Metamorphose. Verwandlungsgeschichten von Publius Ovidius Naso

Noah Kastenholz

Bibliografische Information der Deutschen Nationalbibliothek:

Die Deutsche Nationalbibliothek verzeichnet diese Publikation in der Deutschen Nationalbibliografie; detaillierte bibliografische Daten sind im Internet über http://dnb.d-nb.de abrufbar.

ISBN: 9783346366924
Dieses Buch ist auch als E-Book erhältlich.

Coverbild: https://commons.wikimedia.org

© GRIN Publishing GmbH
Nymphenburger Straße 86
80636 München

Druck und Bindung: Books on Demand GmbH, Norderstedt Germany
Gedruckt auf säurefreiem Papier aus verantwortungsvollen Quellen

Das vorliegende Werk wurde sorgfältig erarbeitet. Dennoch übernehmen Autoren und Verlag für die Richtigkeit von Angaben, Hinweisen, Links und Ratschlägen sowie eventuelle Druckfehler keine Haftung.

Das Buch bei GRIN: https://www.grin.com/document/985921

Orpheus und Eurydice
als typisch ovidianische Metamorphose.
Verwandlungsgeschichten von Publius
Ovidius Naso

Facharbeit im Grundkurs Latein

von

Noah Kastenholz

Abgabetermin: 28.03.2019

Inhaltsverzeichnis

1. Einleitung

„Vivam – Ich werde leben", so beendet Publius Ovidius Naso seine *Metamorphosen* – und er hat sich nicht geirrt. Auch nach 2000 Jahren regen seine psychologisch breit gefächerten Verwandlungsgeschichten an, über existenzielle Themen, wie z.b. Liebe, Trauer und Tod, nachzudenken und sich mit seinen eigenen Werten und Lebensvorstellungen auseinanderzusetzen. Aus diesem Grund und weil ich Ovid für einen genialen Dichter halte, sind die *Metamorphosen* zum Gegenstand meiner Facharbeit geworden. Die Wahl des zu untersuchenden Mythos fiel auf *Orpheus und Eurydice*, zum einen, weil mich die Beschreibung der antiken Unterwelt fasziniert hat, und zum anderen wegen des Mutes von Orpheus, seiner geliebten Frau Eurydice in die Unterwelt zu folgen. Um das Thema dieser Facharbeit, *Orpheus und Eurydice*, als typisch ovidianische Metamorphose aufzuarbeiten, ist es wichtig, folgende Fragen zu beantworten:

1. Warum dreht sich Orpheus nach Eurydice um?
2. Worin besteht die Metamorphose bei *Orpheus und Eurydice*?
3. Welches Motiv, welchen Auslöser und welches Kennzeichen gibt es für die Metamorphose?
4. Warum veröffentlicht Ovid die Verwandlungssage um *Orpheus und Eurydice* in seinen *Metamorphosen* und nicht in seinem Werk *Ars amatoria*?
5. Darf Orpheus über Leben und Tod Eurydices entscheiden? – Wer darf generell über Leben und Tod entscheiden? – Was ist, wenn Algorithmen diese Aufgabe übernehmen?

Um diese Fragen im Fazit beantworten zu können, werde ich mich zuerst mit der gesamten Verwandlungsgeschichte beschäftigen und eine Zusammenfassung schreiben. Damit ich einen besseren Gesamtüberblick erhalte, werde ich mich auch mit den Themen *Mythos* und *Verwandlungsaspekte in den Metamorphosen* auseinandersetzen. Darüber hinaus analysiere ich die Übersetzung des Textauszuges *Aufstieg aus der Unterwelt und zweiter Verlust Eurydices* sowohl inhaltlich, als auch sprachlich, um Antworten auf die o.g. Fragen zu erhalten.

2. Mythos

2.1 Begriffserklärung / Definitionsversuch

Der Begriff *Mythos* kommt aus dem Griechischen und lässt sich mit Erzählung, Rede, Wort oder auch sagenhafte Geschichte übersetzen (Armstrong, 2007, S. 7 ff.; Geyer, 1996, S. 7 ff.). Aufgrund seiner verschiedenen Bedeutungen wird der Begriff *Mythos* unterschiedlich verwendet. Im Alltag wird er eingesetzt, wenn Meinungen oder Behauptungen als nicht wahr oder sinnfrei dargestellt werden sollen (Armstrong, 2007, S. 12). Auf einer anderen Bedeutungsebene siedelt man ihn in der göttlichen oder heldenhaften Sphäre an (Häberle, 2017, S. 145). Da viele unterschiedliche Definitionsversuche des Begriffes „Mythos" existieren, habe ich den ausgewählt, der mir am passendsten und verständlichsten erscheint:

Das Lexikon Bertelsmann definiert Mythos als „Götter- und Heroengeschichte der Frühkulturen, Produkt der Stämme und Siedlungsgemeinschaften" und stellt ihn vor als „Weltauslegung und Lebensdeutung in erzählerischer Berichtform, gesättigt von Symbolen, Visionen und fabulierenden Darstellungen". Der Begriff „Mythos" wird, laut Lexikon Bertelsmann, „nicht nur als vorrationale Kulturstufe verstanden, sondern auch als eigentümliches Erkenntnismittel divinatorischer Einblicke in das Wesen von Welt und Mensch, also als eine überrationale Ausdrucksform, die in Bildern und Metaphern erzählt." (Theil, 2000, S. 4).

Hervorheben möchte ich, dass sich in den antiken Mythen Realität und Erfindung vermischen. Sie beinhalten oft wahre Ereignisse, die im Laufe der Jahrhunderte bei der mündlichen Überlieferung weiter ausgeschmückt und dramatisiert wurden, um sie spannender zu gestalten. Dabei spielten unsterbliche und mächtige Götter, die das Weltgeschehen und das menschliche Handeln bestimmten, eine wichtige Rolle. Sie wurden u.a. für unerklärliche Naturphänomene verantwortlich gemacht, da man diese damals (noch) nicht rational erklären konnte. Naturkatastrophen wurden somit als Bestrafung der Menschen seitens der Götter interpretiert. Als Konsequenz erhoben sich Menschen gegen die göttliche Ordnung und versuchten, Naturgesetze zu durchbrechen. Denkt man z.B. an den Mythos von *Orpheus und Eurydice*, stellt man fest, dass auch Orpheus der Ehrgeiz gepackt hatte, gegen das Naturgesetz des Todes anzukämpfen. Er wollte das Schicksal ändern, was ihm aber schlussendlich nicht gelang. Indirekt erhebt der Autor hier den mahnenden Zeigefinger und will deutlich machen, dass Menschen zu extremer Selbstüberschätzung (Hybris) neigen, indem sie versuchen, die Natur und deren Gesetze beherrschen zu wollen. Symbolisch gedeutet geht es allerdings nicht um die Überwindung des Todes, sondern vielmehr um Orpheus' Wünsche und Hoffnungen, die sich mit der Wiedererweckung Eurydices erfüllen würden, nämlich mit seiner geliebten Frau ein gemeinsames und glückliches Leben zu führen.

2.2 Einzug in die lateinische Literatur

Die griechische Literatur, v.a. die griechische Mythologie, war für Ovid und andere römische Dichter, wie z.B. Vergil, eine Fundgrube, aus der sie Material für ihre Werke schöpfen konnten. Ovid griff ausschließlich auf bekannte Sagen griechischer Autoren, z.B. Homer, zurück, um sie zu bearbeiten und dann in die lateinische Literatur zu übernehmen (von Albrecht, 2000, S. 44 ff.).

2

3. *Metamorphosen* von Publius Ovidius Naso

3.1 Inhalt und Aufbau

Ovids umfangreichstes und berühmtestes Werk, die *Metamorphosen*, ist ein Epos in fünfzehn Büchern, die rund 12.000 Hexameter umfassen. In diesen Büchern erzählt der Dichter von 250 meist in sich geschlossenen Verwandlungssagen der klassischen Antike und macht damit die *Metamorphosen* zu einem der wirkungsmächtigsten Stücke der Weltliteratur. Die unterschiedlich langen epischen Dichtungen ordnet Ovid chronologisch und verknüpft sie geschickt zu einem zyklischen Gedicht mit fließenden Übergängen von einem zum anderen (*carmen perpetuum*). Sie besitzen alle dasselbe Leitmotiv, nämlich das der Verwandlung, haben aber wechselnde Handlungsträger.

Zunächst beginnt er mit dem Proömium und spannt dann thematisch einen weiten Bogen von der Urzeit, d.h. von der Erschaffung der Welt und der Menschen, über die große mythische Zeit (Kadmos, Perseus, Theseus, Herakles), weiter über die sogenannte historische Zeit, die u.a. für den Trojanischen Krieg und die Gründung Roms steht, schließlich zu der Apotheose[1] Cäsars, also bis in die Gegenwart des Verfassers (von Albrecht, 2017, S. 984 ff.; von Albrecht, 2003, S. 131 ff.; Fink, 2000, S. 19, 24).

3.2 Verwandlungsaspekte

Ovid nennt seine Dichtungen deshalb Verwandlungen, weil sie meistens damit enden, dass eine Person am Schluss der Erzählung eine Verwandlung durchmacht. Hierbei sind folgende Aspekte interessant:

Art der Verwandlung

- physisch
  - botanisch: Verwandlung in eine Pflanze
  - animalisch: Verwandlung in ein Tier
  - mineralisch: Verwandlung in einen Stein
  - astral: Verwandlung in einen Stern
- psychisch
- partiell
  - Verwandlung in eine andere Farbe
  - Verwandlung in ein anderes Material

(https://lehrerfortbildung-bw.de. Bechthold-Hengelhaupt *et al.*: Motive aus den Metamorphosen.) s. Anhang

---

[1] Apotheose: Vergöttlichung, d.h. Erhebung eines Menschen zu einem Gott oder Halbgott.

Motive der Verwandlung

Strafe, Rettung, Belohnung, auf Wunsch, extreme Emotionen (Häberle, 2017, S. 75)

Auslöser der Verwandlung

Menschliche Affekte, wie Liebe, Jähzorn, Habgier, Hochmut, Selbstüberschätzung, Ehrgeiz

Kennzeichen der Verwandlung

Eine typische Eigenschaft bleibt nach der Verwandlung erhalten.

4. *Orpheus und Eurydice* als typisch ovidianische Metamorphose

4.1 Lateinischer Textauszug „Aufstieg aus der Unterwelt und zweiter Verlust Eurydices" mit deutscher Übersetzung

V. 53 Carpitur adclivis per muta silentia trames,   Der ansteigende Weg wird durch eine

V. 54 arduus, obscurus, caligine densus opaca,   lautlose Stille zurückgelegt, steil, finster und

von dichtem Nebel verhüllt.

V. 55 nec procul afuerunt telluris margine summae: Und sie waren nicht [mehr] fern vom Rand der

V. 56 hic, ne deficeret, metuens avidusque videndi   obersten Erde [besser: Oberwelt/Erdober-

V. 57 flexit amans oculos: et protinus illa relapsa est,   fläche]: [Da] wandte dieser aus Furcht, dass

sie ermattete, und begierig sie zu sehen, aus

Liebe die Augen und sogleich sank jene

zurück.

V. 58 bracchiaque intendens prendique et prendere   Und als er die Arme ausstreckte und kämpfte,

V. 59 certans nil nisi cedentes infelix arripit auras.   umfasst zu werden und zu umfassen, ergriff

der Unglückliche nichts außer zurück-

weichende Lüfte.

V. 60 iamque iterum moriens non est de coniuge   Und obwohl sie schon zum zweiten Mal starb,

V. 61 quicquam questa suo (quid enim nisi se   beklagte sie sich nicht etwas [besser: mit

V. 61 quereretur amatam?)   keinem Wort] über ihren Ehemann (denn

worüber hätte sie sich beklagen können,

außer dass sie geliebt wurde?).

V. 62	supremumque `vale`, quod iam vix auribus ille	Und ein letztes „Lebe wohl!", das jener nun
V. 63	acciperet, dixit revolutaque rursus eodem est.	kaum [mehr] mit den [besser: seinen] Ohren
		vernahm, sprach sie und wurde wieder dorthin
		zurückgezogen.

4.2 Einordnung in das Gesamtwerk

Der Mythos *Orpheus und Eurydice*, den man im zehnten Buch, also im letzten der zweiten Pentade der *Metamorphosen* findet, beschäftigt sich mit den Leitmotiven Macht, Liebe, Tod und Trauer. In meiner Facharbeit setze ich mich mit den Versen 1-105 auseinander. Der Schlussteil des Mythos, der über den Tod des Sängers berichtet und den ich der Vollständigkeit halber ebenfalls kurz zusammenfassen werde, wird im elften Buch (Vers 1-66) des Gesamtwerkes als eine Art Anhang behandelt. Parallelen zum Tod von Orpheus bildet zum einen der Anhang zum sechsten Buch, der das Ende der Künstlerin Arachne thematisiert, und zum anderen der Anhang zum fünfzehnten Buch, in dem Ovid seinen eigenen Tod und seine Unsterblichkeit aufgreift (von Albrecht, 2017, S. 521-529; S. 574-579; S. 288-299; S. 866-867).

4.3 Orpheus und Eurydice in der griechischen Mythologie

Die Protagonisten sind *Orpheus und Eurydice*. Orpheus ist in der griechischen Mythologie Dichter und Musiker, Sohn der Muse Kalliope und des Apollon, des Gottes der Musik. Apollon schenkte ihm eine Leier, und Orpheus entwickelte sich zu einem begnadeten Musiker, der die gesamte Natur verzauberte. Bekannt geworden ist Orpheus v.a. durch seine unglückliche Verbindung zu der schönen Nymphe Eurydice. „Eine „Nymphe" ist ein weiblicher Naturgeist, der mit besonderen magischen Fähigkeiten ausgestattet ist." (www.lyrikrilke.de, Heiner, J.: Wer war Orpheus?, November 2012, s. Anhang).

4.4 Zusammenfassung mit Einordnung des Textauszuges

Der Hochzeitsgott Hymenäus fliegt von der glücklichen Hochzeit zwischen Iphis und Ianthe an die thrakische Küste, um auch bei der Hochzeit zwischen Orpheus und Eurydice anwesend sein zu können. Am Hochzeitstag selbst wird Eurydice von einer Schlange in den Fuß gebissen und stirbt. Der Tod Eurydices schmerzt Orpheus so sehr, dass er es wagt, in die Totenwelt hinabzusteigen, um Eurydice zurückzuholen. Im Hades angekommen geht Orpheus zu Proserpina und Pluto, den Herrschern über die Unterwelt. Mit Hilfe einer rhetorisch geschickten Rede, seines phänomenalen Leierspiels und seines Gesangs gelingt es Orpheus, Proserpina und Pluto dazu zu bewegen, ihm Eurydice zurückzugeben – unter einer Bedingung: Orpheus darf sich nicht zu Eurydice umdrehen, solange er sich mit ihr in der Unterwelt befindet. Kurz bevor das Paar jedoch die Oberwelt erreicht, blickt sich der Protagonist um, und Eurydice entschwindet in die Unterwelt[2] (von Albrecht, 2017, S. 522-526, Fink, 2000, S. 70-71). Orpheus ist vom zweiten Tod seiner Ehefrau emotional so stark aufgewühlt, dass er innerlich versteinert. Nachdem er seinen Schockzustand überwunden hat, versucht er, ein zweites Mal in die Unterwelt zu gelangen, was ihm aber von Charon, dem Fährmann, verwehrt wird. Danach sitzt Orpheus sieben Tage ohne Nahrung und ohne die Kleidung zu wechseln am Ufer des Unterweltflusses Styx, trauert und beklagt sich über die Grausamkeit der Götter.

Dann beschließt er, sich in seine alte Heimat Thrakien in das öde und karge Rhodopegebirge[3] zurückzuziehen. Drei Jahre meidet er den Umgang mit Frauen und macht sich diese daher zu Feinden. Als Orpheus sich der Knabenliebe zuwendet, greift er wieder zur Lyra und beginnt zu singen (von Albrecht, 2017, S. 526; von Albrecht, 2000, S. 106 f.). Währenddessen wird er von einer Gruppe Thrakerinnen entdeckt, die ihn erschlagen und in Stücke reißen, weil er sich von Frauen abgewendet hat. Sein Haupt und seine Leier werfen sie in den Fluss Hebros[4]. Schließlich steigt Orpheus´ Seele in die Unterwelt hinab, wo sie für immer mit Eurydice vereint sein wird (von Albrecht, 2017, S. 574-579, Fink, 2000, S. 74).

4.5 Analyse des Textauszuges

4.5.1 Inhalt / Sprache

In den ersten beiden Versen beschreibt der Verfasser den Weg, auf dem Orpheus und Eurydice zur Oberwelt gelangen, prägnant und nüchtern. Damit fordert der Autor den Leser auf, seine Fantasie spielen zu lassen und sich die Szene vorzustellen. Beim Lesen fallen die vielen Attribute bzw. Adjektive ins Auge, mit denen man Dunkelheit, eine unheimliche Atmosphäre sowie Komplikationen assoziiert. Dazu gehören: „adclivis" (V. 53), „arduus" (V. 54), „obscurus" (V. 54) und „densus opaca" (V. 54). Die exponierte Anfangsstellung des Verbs „carpitur" (V. 53) sowie die Verwendung des Verbs „carpere" in der Passivform sollen darüber hinaus betonen, dass der Weg schwer zu finden und gefährlich ist. Durch den Gebrauch der Wörter „per muta silentia" (V. 53) möchte Ovid ferner zum Ausdruck bringen, wie Furcht einflößend und beklemmend der Weg für Orpheus und Eurydice sein muss. So ist es dann auch zu erklären, warum Orpheus und Eurydice es nicht wagen, miteinander zu sprechen, um ihre Gefühle und Gedanken auszutauschen. Denn ein kurzes „Ist alles in Ordnung bei dir?" hätte Orpheus beruhigen und sein Umdrehen zu Eurydice verhindern können.

---

[2] siehe Textauszug *Aufstieg aus der Unterwelt und zweiter Verlust Eurydices*.
[3] liegt in Bulgarien und in Griechenland.
[4] Grenzfluss zwischen Türkei, Griechenland und Bulgarien.

Auffallend ist die betonte Endstellung der Wörter „summae" (V. 55) und „relapsa est" (V. 57).

Vermutlich möchte der Dichter hervorheben, wie nahe sich Orpheus und Eurydice bereits an der Oberwelt befinden und damit ihrem Liebesglück nichts mehr im Wege stehen würde und dennoch das Unfassbare im letzten Moment noch geschehen muss: Orpheus bricht das Gesetz, dreht sich um und verliert Eurydice für immer. Als Begründung für Orpheus´ Verhalten nennt Ovid zum einen seine Furcht, dass Eurydice ermüden könnte (vgl. „ne deficeret" und „metuens", V. 56), zum anderen sein Verlangen sie zu sehen (vgl. „avidusque videndi", V. 56) und schließlich seine Liebe (vgl. „amans", V. 57). In Vers 57 wird der Autor fast einsilbig und hektisch, indem er Eurydices Schicksal so beschreibt: „[...], et protinus illa relapsa est", obwohl es sich um den Höhepunkt der Metamorphose handelt. Sieht man sich die Verse 56-60 an, so sind die vielen Partizipien Präsens Aktiv nicht zu übersehen („metuens", „amans", „intendens", „certans", „moriens"). Beide Verben des Fühlens, „metuere" und „amare", setzt Ovid in die Partizipform, um die Heftigkeit bzw. Tiefe der Gefühle Orpheus´ deutlich zu machen. Der Dichter kombiniert ferner zum Teil diese Partizipien mit Infinitiven: „bracchiaque intendens prendique et prendere certans" (V. 58). Auf diese Weise gelingt es ihm, die Dauer des Geschehens, d.h. das intensive Bemühen Orpheus´, Eurydice festzuhalten bzw. ihr einen Halt anzubieten, zu unterstreichen. Da Ovid in den Versen 58-59 keinen Hinweis auf das Geschlecht der handelnden Person gibt, habe ich mich für Orpheus als aktiven Part entschieden. Des Weiteren tritt in Vers 59 „infelix" als eine Art Schlüsselwort hervor. Der Verfasser möchte darauf hinweisen, dass Orpheus mit seinem Schicksal, für das er allein die Verantwortung trägt, unglücklich ist. Auch das Verb „moriri" (V. 60) setzt Ovid in die Partizipform Präsens Aktiv ein. Analog zu den Partizipien „intendens" und „certans" erreicht er damit, den Vorgang des Entschwindens und Sterbens länger andauernd darzustellen. Vergleicht man den Infinitiv Perfekt Passiv „amatam (esse)" (V. 61) mit dem Partizip Präsens Aktiv „amans" (V. 57), kommt man zu dem Ergebnis, dass die Liebe zwischen den zwei lebenden Menschen, Orpheus und Eurydice, der Vergangenheit angehört.

Zusammenfassend ist zu sagen, dass Ovid sich für die Verwendung vieler Partizipien Präsens Aktiv entschieden hat, um die Gleichzeitigkeit von Handlungen einerseits und Gefühlen andererseits zu veranschaulichen. Demnach fürchtet sich Orpheus und liebt Eurydice gleichzeitig, während Eurydice langsam stirbt.

4.5.2 Rhetorische Stilmittel

Vers	Rhetorisches Stilmittel	Bedeutung / Wirkung
53	Inversion	Durch die Anfangsstellung des Wortes „carpitur" wird die übliche Wortstellung im Satz verändert (Umkehrung der Reihenfolge von Subjekt und Prädikat). Dadurch betont Ovid, wie beschwerlich das Zurücklegen des Weges ist.
53	Pleonasmus	„muta silentia": Durch den überflüssigen Zusatz „muta" unterstreicht Ovid die vorherrschende Stille.
53	Hyperbaton	„adclivis...trames": Die Trennung der syntaktisch zusammenhängenden Wörter „adclivis und trames" durch einen Einschub dient der Betonung des vorangestellten Wortes „adclivis". Auch hier wird wieder indirekt auf die Schwierigkeiten des Weges hingewiesen.
53-54	Hendiadyoin	„adclivis", „arduus": Um zu verdeutlichen, wie steil der Weg ist, verwendet Ovid zwei Wörter derselben Wortart, die das Gleiche ausdrücken.
54	Asyndeton	„arduus", „obscurus" und „caligne densus opaca" sind ohne Konjunktionen aneinandergereiht und dienen als Ausdruck eines knappen und prägnanten Stils.
54	Klimax / ansteigendes Trikolon	Durch die Anordnung der Attribute „arduus", „obscurus" und „densus" wird zum wiederholten Mal betont, wie schwierig der Weg zu finden ist.
55	Inversion Litotes Pleonasmus	Mit der Veränderung der üblichen Wortstellung des Prädikats „afuerunt" im Satz und der Umschreibung eines positiven Begriffs durch die Verneinung des Gegenteils „nec procul afuerunt" sowie der Verwendung eines Pleonasmus innerhalb des Litotes „procul afuerunt" hebt Ovid hervor, dass Orpheus und Eurydice fast in der Oberwelt angekommen sind und sie somit in eine glückliche Zukunft blicken könnten.
56-57	Polysyndeton	Die Verbindung von Wörtern durch Konjunktionen wie bei „avidus*que*" und „et" soll die Bedeutsamkeit des Geschehens (Höhepunkt) steigern.
58	Antithese Polyptoton	„prendique und prendere": Dient der besonderen Veranschaulichung der Szene, nämlich dem verzweifelten Versuch Orpheus', Eurydice aktiv festzuhalten bzw. ihr passiv Halt anzubieten.
58-59	Hendiadyoin	„prendique" / „prendere" und „arripit": Verleiht der Szene Nachdruck.

Vers	Rhetorisches Stilmittel	Bedeutung / Wirkung
58	Polysyndeton	„bracchia*que*", „prendi*que*", „et": Der Einsatz der Konjunktionen steigert die Bedeutung des Geschehens.
59	Alliteration	„nil nisi": Hier werden wichtige Wörter hervorgehoben, die verdeutlichen, dass Orpheus ins Leere greift und somit das Schicksal von Orpheus und Eurydice besiegelt ist.
59	Hyperbaton	„cedentes...auras": Durch die Trennung der zwei syntaktisch zusammenhängenden Wörter, betont Ovid das vorangestellte Wort „cedentes". Er suggeriert mit den zurückweichenden Lüften eine Art Sog, mit dem Eurydice von Orpheus getrennt wird.
60-61	Hyperbaton	„non est...questa": Die Anwendung dieses Hyperbatons untermauert die geistige Größe Eurydices, die sich nicht über ihren Ehemann wegen des bevorstehenden Todes beschwert, weil sie weiß, dass sie von ihm geliebt wird.
61	Rhetorische Frage als Parenthese	„quid enim nisi se quereretur amatam?": Ovid schiebt eine rhetorische Frage ein, um inhaltlich nochmals zu erwähnen, dass Orpheus Eurydice über alles liebt und um stilistisch den Satzbau aufzulockern.
61	Ellipse	„amatam [esse]": Ovid lässt „esse" weg, um die Aussage, dass Eurydice geliebt wurde, prägnanter zu fassen und dadurch eine größere Wirkung zu erzielen.
63	Euphemismus	„revolutaque...rursus eodem est" ist eine beschönigende Umschreibung dafür, dass Eurydice nun endgültig stirbt.
62	Exclamatio in Verbindung mit einer Parataxe	„Vale!": Ovid zeigt mit diesem letzten kurzen Ausruf Eurydices, wie sehr sie im Reinen mit sich und Orpheus ist. Sie muss nichts mehr klären und akzeptiert ihr Schicksal bereitwillig.

(Bradtke, 2016, S. 1 ff.)

4.6 Rezeption

„Der wichtigste Stoff der Unterhaltungsliteratur war immer die Beziehung zwischen Mann und Frau gewesen. [...]. Die Liebesbeziehung ist es, die fast jeden Menschen ergreift, weil er irgendwann einmal selbst tragisch oder glücklich sie erlebt hat. Es interessiert ihn deshalb brennend, wie das mit den beiden auf der Bühne oder im Roman sein wird, anders oder ähnlich oder am liebsten tragisch, denn dann berührt es ihn, den Zuschauer oder Leser, besonders. Er identifiziert sich mit der Person auf der Bühne. [...]. [...]. Die griechische Tragödie hat immer ihre größte Wirkung bei der Mit- und Nachwelt erzielt, wenn die tragische Lebenssituation zweier Liebender im Mittelpunkt stand. [...]. Der Übergang von der griechischen Tragödie zur europäischen Oper im italienischen Cinquecento war nur folgerichtig. Die Oper bezog ihre beste Wirkung aus der Tragödie, sie war im Grunde selbst immer eine Tragödie, und auch hier war es zumeist die tragische Verstricktheit zweier Liebender. In Ovids Werk spielt das Schicksal zweier Menschen, die nicht voneinander lassen können, selbst wenn es ihren Untergang bedeutet, eine große Rolle." (Wissmüller, 1987, S. 204-205) Der Mythos *Orpheus und Eurydice* hat seit seiner Veröffentlichung in Ovids *Metamorphosen* viele Dichter, Komponisten, Maler, Bildhauer und Regisseure inspiriert, die großen Themen der Menschheit – Liebe, Trauer und Tod – aufzugreifen, um sie ihren kreativen Ideen entsprechend weiterzuentwickeln. Dabei steht die Verwandlung sicherlich im Vordergrund, weil sie ein Mittel ist, menschliche Einzelschicksale und die damit verbundenen extremen Emotionen darzustellen. Da eine bloße Aufzählung aller Künstler den Rahmen dieser Facharbeit sprengen würde, habe ich mich nachfolgend auf eine kleine Auswahl von Werken aus verschiedenen Kunstgattungen beschränkt, die im Folgenden einen kleinen Einblick in die Rezeptionen der *Orpheus und Eurydice*-Sage gibt. Dieser Facharbeit habe ich jeweils einen Anhang zu jedem Werk als zusätzliche Informationsquelle hinzugefügt.

4.6.1 Literatur

Dichtung:	Vergil, Georgica, IV 453-527, www.thelatinlibrary.com (siehe Anhang)
	Rainer Maria Rilke, Sonette an Orpheus (1923), https://www.xlibris.de (siehe Anhang)
Dramatische Bearbeitung:	Calderon, El divino Orfeo (1663), https://journals.ub.uni-heidelberg.de (siehe Anhang)

4.6.2 Musik

Symphonische Dichtung:	Franz Liszt, Orpheus (1853/54), https://musikwissenschaft-leipzig.com (siehe Anhang)
Oper:	Claudio Monteverdi, LÓrfeo (1607), https://musikwissenschaft-leipzig.com (siehe Anhang)
	Jacques Offenbach, Orpheé aux Enfers (1858), https://musikwissenschaft-leipzig.com (siehe Anhang)
Ballett:	Igor Stravinskij, Orpheus (1948), https://musikwissenschaft-leipzig.com (siehe Anhang)

4.6.3 Bildende Kunst

Gemälde:	Jan Brueghel d. Ä., Orpheus in der Unterwelt (1594),
	Florenz Palazzo Pitti,
	https://www.akg-images.de (siehe Anhang)
	Peter Paul Rubens, Orpheus und Eurydice mit Pluto und Proserpina (1636), Madrid, Prado,
	https://www.akg-images.de (siehe Anhang)
Plastik:	Auguste Rodin, Orpheus und Eurydice (1893),
	https://www.metmuseum.org (siehe Anhang)

4.6.4 Film

Jean Cocteau, Orphée (1950)

https://www.filmtipps.at (siehe Anhang)

M. Camus, Orfeu negro (1959),

https://www.filmpodium.ch (siehe Anhang)

5. Fazit

In der vorliegenden Ausarbeitung habe ich mich mit der Begriffserklärung *Mythos* sowie der Übernahme antiker Mythen in die lateinische Literatur beschäftigt. Ferner bin ich auf den Inhalt und den Aufbau sowie auf die verschiedenen Verwandlungsaspekte der *Metamorphosen* eingegangen. V.a. die Übersetzung und die inhaltliche und sprachliche Analyse des Textauszuges in Verbindung mit der Zusammenfassung des gesamten Mythos war ausschlaggebend für die Beantwortung der in der Einleitung genannten Fragen, auf die ich nun nachfolgend eingehen werde.

1. Ovid nennt folgende Gründe für das Umdrehen Orpheus´: Furcht, dass Eurydice ermüdet (und so Orpheus nicht folgen kann), Sehnsucht, sie zu sehen und Liebe. Ich denke, dass die Liebe der Hauptgrund für Orpheus´ Umdrehen ist. Denn seine Liebe zu Eurydice ist so stark, dass er keinen freien Willen mehr hat, der ihm helfen könnte, nicht gegen das Gesetz zu verstoßen. Letztendlich wird Orpheus und Eurydice die Liebe zum Verhängnis.

2. Herauszufinden, worin die Metamorphose besteht, war etwas schwierig, da es sich um keine physische, also von außen gut erkennbare, sondern um eine psychische Metamorphose handelt. Orpheus' seelische Versteinerung nach dem „zweiten Tod" Eurydices zeigt, wie betroffen, gefühllos und leer er ist. Nachdem es ihm nicht gelang, ein zweites Mal über den Fluss Styx in die Unterwelt zu gelangen, macht er eine seelische Krise durch. In seiner Verzweiflung isst er nichts mehr und wechselt seine Kleidung nicht. Er klagt verbittert über die Götter und zieht sich, um allein zu sein, deprimiert in das karge Rhodopegebirge zurück.

3. Motiv für Orpheus´ Metamorphose sind extreme Emotionen. Während seine Emotionen beim Aufstieg mit Eurydice aus der Unterwelt Liebe, Sehnsucht und Hoffnung auf ein Leben zu zweit sind, wandeln diese sich nach dem zweiten Tod von Eurydice in Gefühle wie Trauer, innere Leere, Verlassenheit, Verzweiflung und Hoffnungslosigkeit um. Als Auslöser für die Metamorphose ist eindeutig das Gefühl der Liebe zu sehen, denn ohne sie wären die anderen Emotionen nicht entstanden. Ein Kennzeichen bei Orpheus´ Metamorphose ist, dass ein wesentliches Merkmal, das unverwechselbar zu seinem Wesen gehört, nach seiner Verwandlung unverändert erhalten bleibt. Gemeint ist in diesem Fall sein Gesang. Auch wenn er nach Eurydices Tod unfähig ist zu singen, findet er den Zugang zu seiner begnadeten Begabung nach drei Jahren wieder.

4. Im Vergleich mit Ovids Werk *Ars amatoria*, in dem es insbesondere um rationale Möglichkeiten geht, mit der Liebe umzugehen, steht bei den *Metamorphosen* die Liebe als Schicksal im Vordergrund. Hier stellen die antiken Mythen eine große Fülle an Charakteren und Schicksalsverläufen zur Verfügung. Die Sage um *Orpheus und Eurydice* hat Ovid deswegen in den *Metamorphosen* veröffentlicht, weil der psychologische Aspekt der Liebe in diesem Werk besser entwickelt wird und viel weiter greift, als es in der *Ars amatoria* der Fall gewesen wäre. Darüber hinaus thematisiert Ovid in der *Ars amatoria* nur die sogenannte „normale Liebe" zwischen Mann und Frau. In den *Metamorphosen* hingegen greift er auch andere Liebesformen auf, wie man am Beispiel von *Orpheus und Eurydice* sehen kann, denn Orpheus wendet sich nach Eurydices Tod der Knabenliebe zu.

5. Gerne hätte ich ferner den ethischen Aspekt der Frage beleuchtet, ob Orpheus über Leben und Tod Eurydices entscheiden darf, indem er versucht, Eurydice aus der Unterwelt zurückzuholen. In diesem Zusammenhang hätte sich dann der aktuelle Bezug zu den Fragen herstellen lassen, wer über Leben und Tod generell entscheiden darf, und was ist, wenn Algorithmen diese Aufgabe übernehmen. Hintergrund dieser Fragestellungen ist die Vision von Mobilität in der Zukunft. Dieses Themenfeld zu untersuchen, hätte den Rahmen dieser Facharbeit jedoch überschritten.

Abschließend möchte ich noch erwähnen, dass der Arbeits- und Zeitaufwand für diese Facharbeit viel höher gewesen ist, als ich zunächst kalkuliert hatte. Dies lag einerseits an der umfangreichen Recherchearbeit, u.a. in der Universitätsbibliothek der RWTH Aachen, und andererseits an der Tatsache, dass mir beim Lesen der Literatur immer mehr Details ins Auge fielen, die ich der Vollständigkeit halber unbedingt berücksichtigen wollte. Dennoch kann ich sagen, dass das Schreiben dieser Facharbeit im Hinblick auf wissenschaftliches Arbeiten eine wichtige Erfahrung für mich war und sich die Mühe daher gelohnt hat.

6. Literaturverzeichnis

Primärliteratur

von Albrecht, Michael (Hrsg.): Ovid Metamorphosen – Lateinisch/Deutsch - Reclam.
Stuttgart 2017.

Sekundärliteratur

Armstrong, Karen: Eine kurze Geschichte des Mythos. München 2007.

Bradtke, M. (Hrsg.): Lateinische Stilmittel. Stuttgart 2016.

Fink, Gerhard: Meisterwerke kurz und bündig – Ovids Metamorphosen. München 2000.

Geyer, Carl-Friedrich: Mythos. Formen, Beispiele, Deutungen. München 1996.

Häberle, Markus: Kompakt-Wissen Latein – Basisautoren Oberstufe - Freising 2017.

Theil, Stefanie: Definition und Bedeutung von Mythen. München 2000.

von Albrecht, Michael: Das Buch der Verwandlungen: Ovid-Interpretationen. Düsseldorf;
Zürich 2000.

von Albrecht, Michael: Ovid – Eine Einführung - Reclam. Stuttgart 2003.

Wissmüller, Heinz: Ovid – Einführung in seine Dichtung. Neustadt an der Aisch 1987.

Internetquellen

https://lehrerfortbildung-bw.de (17.03.2019). Bechthold-Hengelhaupt, T. *et al.*: Motive aus den
Metamorphosen.

https://lehrerfortbildung-bw.de/u_sprachlit/latein/gym/bp2004/fb2/6_ovid/1_schritt/1_meta/.

www.lyrikrilke.de (24.03.2019). Heiner, Johannes: Wer war Orpheus?. November 2012.

www.lyrikrilke.de/index.php?option=com_content&view=article&id=426:wer-war-
orpheus&catid=38:studien-zu-rainer-maria-rilke&Itemid=171.

www.thelatinlibrary.com/vergil/geo4.shtml (20.03.2019): P. Vergili Maronis Georgicon Liber
Quartus.

https://www.xlibris.de/Autoren/Rilke/Kurzinhalt/Sonette%20an%20Orpheus?page=1
(20.03.2019): Xlibris – Kurzinhalt, Zusammenfassung „Sonette an Orpheus (1923)" von
Rainer Maria Rilke.

https://journals.ub.uni-heidelberg.de (20.03.2019). Wurm, Christoph: El divino Orfeo – Calderón und der Mythos von Orpheus und Eurydice. In: Forum Classicum vom 29.05.2017.

https://journals.ub.uni-heidelberg.de/index.php/fc/article/view/39031/32693.

https://musikwissenschaft-leipzig.com (20.03.2019). Engels, Magdalena: Die Symphonische Dichtung Orpheus (1853/54) von Franz Liszt. In: Musikwissenschaft Leipzig – Eine (Quellen)Texte-Sammlung des Zentrums für Musikwissenschaft Leipzig.

https://musikwissenschaft-leipzig.com/2017/05/17/franz-liszt-orpheus-magdalena-engels/.

https://musikwissenschaft-leipzig.com (20.03.2019). Konrad, Katharina: Einigkeit und Kontrastierung in Claudio Monteverdis L'Orfeo. In: Musikwissenschaft Leipzig – Eine (Quellen)Texte-Sammlung des Zentrums für Musikwissenschaft Leipzig.

https://musikwissenschaft-leipzig.com/2017/04/17/claudio-monteverdi-lorfeo/.

https://musikwissenschaft-leipzig.com (20.03.2019). Sanden, Caroline: Jacques Offenbachs Orphée aux Enfers (1858) – zwischen Mythentravestie und Gesellschaftskritik. In: Musikwissenschaft Leipzig – Eine (Quellen)Texte-Sammlung des Zentrums für Musikwissenschaft Leipzig.

https://musikwissenschaft-leipzig.com/2017/05/17/jacques-offenbach-orphee-aux-enfers-caroline-sanden/.

https://musikwissenschaft-leipzig.com (20.03.2019). Schumacher, Franziska: Igor Stravinskij: Orpheus (1948). In: Musikwissenschaft Leipzig – Eine (Quellen)Texte-Sammlung des Zentrums für Musikwissenschaft Leipzig.

https://musikwissenschaft-leipzig.com/2017/06/13/igor-stravinskij-orpheus/.

https://www.akg-images.de (20.03.2019). agk images/Erich Lessing: Orpheus und Eurydice mit Pluto und Proserpina von Peter Paul Rubens.

https://www.akg-images.de/archive/Orpheus-und-Eurydice-mit-Pluto-und-Proserpina-2UMDHUV0PRYS.html.

https://www.akg-images.de (20.03.2019). agk images/Rabatti & Domingi: Orpheus in der Unterwelt von Jan Brueghel der Ältere.

https://www.akg-images.de/archive/Orpheus-in-der-Unterwelt-2UMDHUSB4XWU.html

https://www.metmuseum.org/toah/works-of-art/10.63.2/ (20.03.2019). The Metropolitan Museum of Art. 2000-2019.

https://www.filmtipps.at (20.03.2019). Ralph Zlabinger: Jean Cocteau Edition: Orphée. In: FILMTIPPS.at. 2018.

https://www.filmtipps.at/kritiken/Jean_Cocteau_Edition__Orphee/.

https://www.filmpodium.ch/ (20.03.2019). Orfeu Negro von Marcel Camus.

https://www.filmpodium.ch/film/169726/orfeu-negro.

BEI GRIN MACHT SICH IHR WISSEN BEZAHLT

- Wir veröffentlichen Ihre Hausarbeit, Bachelor- und Masterarbeit

- Ihr eigenes eBook und Buch - weltweit in allen wichtigen Shops

- Verdienen Sie an jedem Verkauf

Jetzt bei www.GRIN.com hochladen und kostenlos publizieren